KB216183

나는 누구인가?

WHO AM I?

published by
Sri Ramanasramam

나는 누구인가?

라마나 마하리쉬 저

김병채 옮김

바가반 슈리 라마나 마하리쉬
———————— 의 ————————
가르침

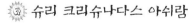 슈리 크리슈나다스 아쉬람

도입

   '나는 누구인가?'는 나 탐구에서 일어나는 질문과 답에 주어진 제목이다. 이 질문들은 1902년 슈리 M. 쉬바 프라카삼 필라이에 의해 바가반 슈리 라마나 마하리쉬에게 놓여졌다. 철학 석사인 슈리 쉬바 프라카삼 필라이는 그 당시에 남 아르코트 세무서의 징세부에 근무했다. 1902년 티루반나말라이를 방문하는 동안에 그는 아루나찰라 산의 비룩팍샤 동굴로 가서, 그곳에서 마하리쉬를 만났다. 그는 마하리쉬로부터 영적 안내를 구하였으며 나 탐구와 관련한 문제들에 대한 답을 간청하였다. 바가반께서는 그때 대화를 하지 않았다. 어떤 맹세 때문에 그렇게 한 것은 아니었다. 다만 말하고 싶은 의도가 없어서 그렇게 했다. 마하리쉬는 그가 물은 질문들에 대하여 답을 적었다. 슈리 쉬바프라카삼 필라이의 회상과 기록에 의하면 13개의 질문과 답들이 바가반에 의하여 그에게 주어졌다. 이 기록은 1923년에 처음으로 (오리지널 따밀지에) 슈리 쉬바프라카사필라이의 이름으로 출간되었다. 거기에는 어떻게 바가반의 은총이 자신의 의심을 추방하여 삶의 위기로부터 그를 구했는지에 관련한 몇 개의 시도 들어 있었다. 이후 이 책은 여러 번 출간되었다. 어떤 판에서는 13개의 질문과 답이 보이며, 다른 판에서는 28개가 보이기도 한다. 또 다른 판에서는 질문들이 보이지 않으며, 또 다른 판에서는 가르침이 산문 형식으로 재배열되고 있다. 현존해 있는 영어 번역은 산문 형식으로 재배열된 것이다. 이 책에는 28개의 질문과 답들이 있다.

비차라상그라함(나 탐구)과 함께, 난 야르(나는 누구인가?)는 스승 자신의 말로 된 첫 번째 가르침의 묶음이다. 이 둘은 바가반의 저서 중 유일한 산문 조각들이다. 그것들은 해방으로 가는 직접적인 길인 나 탐구라는 핵심적인 가르침을 설명하고 있다. 탐구가 만들어지는 특별한 모드는 난 야르에서 명쾌하게 설명하고 있다. 마음은 생각들로 되어 있다. '나' 생각이 마음에서 일어나는 첫 번째 생각이다. '나는 누구인가?'라는 탐구를 지속적으로 할 때, 모든 다른 생각들이 파괴되며, 마침내 지고한 비이원의 나만을 남겨놓은 채 '나' 생각 그 자체가 사라진다. 나가 아닌 몸과 마음의 현상과 나와의 거짓 동일시가 끝나고, 그래서 샥샤트카라 즉 깨달음이 있다. 물론 탐구의 과정은 쉬운 것이 아니다. '나는 누구인가?'를 탐구할 때, 다른 생각들이 일어날 것이다. 그것들을 따라감으로 그것들에 굴복하는 대신에, 그와 반대로 '그것들이 누구에게 일어나는가?'하고 물어야 한다. 이것을 하기 위해서는, 극히 경계하고 있어야 한다. 끊임없는 탐구로 마음을 그것의 근원에 머물게 해야 한다. 마음을 바깥으로 방황하게 하여 스스로 창조한 생각의 미로에 길을 잃어서는 안 된다. 호흡의 통제나 신의 형상에 대한 명상과 같은 모든 다른 수련들은 보조적인 수행들로 여겨져야만 한다. 그것들은 마음을 고요하게 하며 또 일점지향이 되도록 만드는 한 도움이 된다. 집중의 기술을 얻은 마음에게는 나 탐구가 비교적 쉽다. 쉬지 않고 탐구함으로 생각들

은 파괴되고 나가 깨달아진다. '나'라는 생각조차도
없는, '침묵'이라고 언급이 되는 절대적 실재인 나가
깨달아진다. 이것이 실질적으로 난 야르에 있는 바
가반 슈리 라마나 마하리쉬의 가르침이다.

T.M.P. 마하데반

마드라스 대학교

1982. 6. 30

바가반 슈리 라마나 마하리쉬
(21세 때)

나는 누구인가?

난 야르

모든 살아있는 존재들은 아무런 불행이 없이 항상 행복하기를 바랍니다. 모든 사람의 경우를 보더라도 자기 자신에 대한 지고의 사랑을 가지고 있습니다. 그러므로 자신의 성품이고, 마음이 전혀 없는 깊은 잠의 상태에서 경험되는 그 행복을 얻기 위해서는, 사람은 자신의 나를 알아야 합니다. 이것을 알기 위해서는, 지식의 길 즉 "나는 누구인가?"라는 형식의 탐구가 주된 방법입니다.

1

나는 누구입니까?

일곱 가지 기질(dhatu)들[1]로 된 이 거친 몸은 나가 아닙니다. 소리, 촉감, 색깔, 맛과 냄새라는 다섯 감각의 대상들을 파악하는 귀, 피부, 눈, 혀와 코라는 다섯 감각 기관들은 나가 아닙니다. 말하는 입, 이동시키는 발, 붙잡는 손, 배설과 생식의 기관이라는 다섯 행위 기관은 나가 아닙니다. 들이쉬는 등의 다섯 유형의 호흡 행위를 하는 생명력을 주는 공기 즉 프라나도 나가 아닙니다. 생각하는 마음조차도 나가 아닙니다. 대상들에 대한 잔여 인상들만 있을 뿐, 아무런 대상도 아무런 기능도 없는 (잠자는 상태의) 무지 또한 나가 아닙니다.

---

1   (역주) 아유르베다에서 말하는 5가지 기질(골수, 뼈, 지방, 살, 피부, 정액)

11

2

나는 이것들 중 그 어느 것도 아니라면,

나는 누구입니까?

앞에서 말한 모든 것들을 '이것이 아니다', '이것이
아니다'라고 부정한 뒤에 오로지 남아 있는 자각, 그
것이 나입니다.

3

자각의 고유 성질은 무엇입니까?

자각의 고유 성질은 절대적 존재, 절대적 의식,
절대적 희열입니다.

4

나에 대한 깨달음이 언제 얻어집니까?

보이는 세상이 사라질 때 보는 자인 나를 깨달을
수 있을 것입니다.

5

(세상을 실재라고 여겨)
세상이 존재하는 동안에도
나를 깨달을 수 있습니까?

그럴 수는 없습니다.

6

왜 그렇습니까?

보는 자와 보이는 대상은 밧줄과 뱀의 관계와 같습니다. 환영으로 생긴 뱀이라는 그릇된 지식이 사라지지 않는 한, 바탕인 밧줄에 대한 지식이 일어날 수 없듯이 세상이 실재한다는 믿음이 사라지지 않는 한 바탕인 나에 대한 깨달음이 얻어지지 않을 것입니다.

7

보이는 대상인 세상은

언제 사라집니까?

모든 인식과 모든 행위의 원인인 마음이 정지할 때, 세상은 사라질 것입니다.

8

마음이라는 것은 무엇입니까?

'마음'이라는 것은 나 안에 자리를 잡고 있는 불가사의한 힘입니다. 그것이 모든 생각을 일어나게 합니다. 생각과 별개인 마음이라는 것은 없습니다. 그러므로 생각이 곧 마음입니다. 생각과 별개로 있는 세상이라 부르는 독립된 실체도 없습니다. 깊은 잠 속에서는 생각이 없고, 세상도 없습니다. 깨어있음과 꿈의 상태에서는 생각이 있고, 세상 또한 있습니다. 거미가 자신 바깥으로 거미줄을 뽑아냈다가 다시 자신 안으로 거두어들이듯이, 마음도 자신의 바깥으로 세상을 투사했다가 그것을 다시 자신 안으로 흡수합니다. 마음이 나 바깥으로 나올 때 세상이 나타납니다. 따라서 세상이 (실재인 것처럼) 보일 때 나는 나타나지 않습니다. 나가 나타날(빛날) 때 세상은 나타나지 않습니다. 마음을 지속적으로 탐구해 들어가면 마음은 (잔류물로) 나만 남겨놓고 소멸됩니다. 여기서 나라는 것은 아트만입니다. 마음은 항상 어떤 거친 것에 의존해서만 존재하며, 홀로는 존재할 수 없습니다. 미세한 몸이나 영혼(지바)이라는 것도 마음입니다.

9

마음을 이해하기 위한 탐구의 길은

무엇입니까?

이 신체 안에서 '나'로서 일어나는 것은 마음입니다. 만약 우리가 이 '나'라고 하는 생각이 몸 안의 어디에서 처음 일어나는지를 탐구하면, 그것이 가슴 안에서 일어난다는 것을 발견할 것입니다. 그것이 마음이 기원하는 장소입니다. 계속해서 '나-나'를 생각만 해도, 그것에 이끌릴 것입니다. 마음에서 일어나는 모든 생각들 중에서, '나' 생각이 첫 번째 생각입니다. 다른 생각들은 이 '나' 생각이 일어난 후에야 일어납니다. 1인칭 대명사가 나타난 후에야 2인칭, 3인칭 대명사가 나타납니다. 1인칭 대명사 없이는 2인칭, 3인칭은 있을 수 없습니다.

10

어떻게 하면 마음이 정지합니까?

‘나는 누구인가?’ 라는 탐구로 마음이 정지합니
다. ‘나는 누구인가?’ 라는 생각은 모든 다른 생각
들을 소멸할 것입니다. 불타고 있는 장작더미를 휘
젓는 데 사용되는 막대기처럼, 결국에는 그 자신도
소멸될 것입니다. 그러면 나−깨달음이 일어날 것
입니다.

11

'나는 누구인가?'라는 생각을 항상 붙드는 방법은

무엇입니까?

다른 생각들이 일어날 때, 그것들을 따라가지 말고, '그것들이 누구로부터 일어나는가?'를 탐구해야 합니다. 아무리 많은 생각들이 일어나도 상관이 없습니다. 각각의 생각이 일어날 때 '이 생각이 누구에게 일어났는가?' 하고 부지런히 탐구해야 합니다. 나와야 하는 대답은 '나에게'일 것입니다. 그 후 '나는 누구인가?'를 탐구하면, 마음은 그것의 근원으로 되돌아갈 것이고, 일어났던 생각은 정지하게 될 것입니다. 이 방법으로 계속 수행을 하면, 마음은 그것의 근원에 머무는 기술을 발달시킬 것입니다. 미세한 마음이라는 것이 두뇌와 감각 기관을 통해서 바깥으로 나갈 때 거친 이름과 형상들이 나타납니다. 그것이 가슴 안에 머물 때, 이름과 형상들은 사라집니다. 마음을 바깥으로 나가지 못하게 하고 가슴 안에 있게 하는 것이 '안으로 향하기(antarmukha)'입니다. 마음을 가슴 바깥으로 나가게 하는 것이 '바깥으로 향하기(bahirmukha)'입니다. 이렇게 하여 마음이 가슴 안에 머물 때, 모든 생각들의 근원인 '나'가 사라지고 항상 존재하는 나가 빛날 것입니다. 무엇을 하든, '나'라는 자아가 없이 해야 합니다. 만약 이런 식으로 행위를 하면, 모든 것이 쉬바(신)의 성품을 가진 것으로서 나타날 것입니다.

12

마음을 정지시키는 다른 방법은 없습니까?

탐구 외에는 아무런 적절한 방법은 없습니다. 다른 방법으로 마음을 통제하려고 해보면, 마음은 통제된 듯 하다가 다시 나올 것입니다. 호흡의 통제로도 역시 마음이 정지되지만, 그것은 호흡이 통제되는 동안에만 정지할 것입니다. 호흡을 다시 시작하면 마음 역시 움직이기 시작할 것이며, 잔여 인상들에 떠밀리는 대로 방황할 것입니다.

마음과 호흡 둘 다의 근원은 같습니다. 정말이지 생각이 마음입니다. '나' 생각은 마음의 최초의 생각입니다. 이것은 자아입니다. 자아가 시작되는 곳에 호흡도 시작합니다. 그러므로 마음이 정지하면 호흡이 통제됩니다. 호흡이 통제되면 마음이 정지합니다. 그러나 깊은 잠을 잘 때는 마음이 정지하여도 호흡은 멈추지 않습니다. 이것은 신의 의지입니다. 그러므로 신체가 보존되며 다른 사람들이 그 신체가 죽었다고 오인하지 않습니다.

깨어 있을 때와 사마디의 상태에서 마음이 정지하면 호흡이 통제됩니다. 호흡은 거친 형태의 마음입니다. 죽음의 순간까지, 마음은 신체 안에서 호흡

을 유지하다가, 신체가 죽으면 마음은 그것과 더불어 호흡을 가지고 갑니다. 따라서 호흡 통제의 수련은 마음 정지(manonigraha)를 위한 보조물일 뿐, 마음을 소멸시키지는(manonasa) 않습니다.

호흡 통제의 수행과 마찬가지로. 신의 형상에 대한 명상이나 만트라의 암송, 음식의 절제 등은 모두 마음을 정지시키기 위한 도움들일 뿐입니다.

신의 형상에 대한 명상이나 만트라 암송으로 마음은 하나에 집중됩니다. 마음은 언제나 헤매고 다닐 것입니다. 코끼리에게 코로 잡을 사슬을 하나 주면 코끼리는 그것을 코로 잡느라 다른 행동을 하지 않듯이, 마음도 하나의 이름이나 형상이 차지하면 그것 하나만 붙들 것입니다. 마음이 무수한 생각들의 형태로 분산되면 각각의 생각은 약해집니다. 생각들이 소멸되면, 마음은 일점 지향이 되며 강해집니다. 그러한 마음은 나 탐구가 쉬워집니다. 절제하는 규칙들 중에서는 순수한 식품을 적당량 섭취하는 것이 가장 좋습니다. 이 규칙을 지키면 마음의 삿트와적인 성질이 증가되며, 그것은 나 탐구에 도움이 될 것입니다.

13

대상들에 대한 남아 있는 인상(생각)들이

바다의 파도처럼 끝없이 나타납니다.

이 모든 생각들은 언제 소멸될 것입니까?

나에 대한 명상이 점점 더 깊어질 때, 생각들이 파괴될 것입니다.

14

시작이 없는 때부터 계속되어 온 대상들에 대한

잔여 인상들이 말하자면 모두 소멸되고,

순수한 나로 있는 것이 가능합니까?

‘그것이 가능할까, 가능하지 않을까’라는 생각에 굴복하지 말고 나에 대한 명상을 끊임없이 해야 합니다. 비록 큰 죄를 지은 사람이라 할지라도 ‘아, 나는 죄인이다. 내가 어떻게 구원받겠는가?’라면서 걱정하고 울부짖어서는 안 됩니다. ‘나는 죄인이다’라는 생각을 하지 말고 나에 대한 명상에 날카롭게 집중해야 합니다. 그러면 반드시 성공할 것입니다. 두 가지 마음, 즉 선한 마음과 악한 마음이 있는 것이 아닙니다. 마음은 오직 하나입니다. 두 가지 잔여 인상들이 있습니다. 즉 좋은 인상들과 나쁜 인상들이 그것입니다. 마음이 좋은 인상들의 영향 하에 있을 때는 선이고, 나쁜 인상들의 영향 하에 있을 때는 악입니다.

　마음이 세상의 대상들이나 다른 사람들이 무엇에 관심을 가지는 지에 대해 궁금해 하느라 방황하는 것을 허락해서는 안 됩니다. 그리고 다른 사람들이 아무리 나쁘다 해도 그들을 미워해서는 안 됩니다. 욕망과 미워함은 둘 다 피해야 합니다. 남들에게 주는 것은 자신에게 주는 것입니다.

만약 이 진리를 이해한다면 누가 남에게 베풀지 않겠습니까? 자신의 자아가 일어나면 모든 것이 일어나고, 자아가 가라앉으면 모든 것이 가라앉습니다. 우리가 겸손하게 행위를 하면, 하는 만큼 좋은 결과가 나올 것입니다. 마음이 가라앉고 나면, 그 사람은 어디에서도 살 수 있습니다.

15

탐구를 얼마나 오랫동안 해야 합니까?

마음속에 대상에 대한 인상들이 있는 한, '나는 누구인가?'에 대한 탐구가 필요합니다. 생각들이 일어나면 탐구로 생각들이 일어나는 바로 그때 그 자리에서 그것들이 소멸되어야 합니다. 나를 얻을 때까지는 끊임없이 나에 대한 묵상을 해야 합니다. 그것만으로 충분한 것입니다. 요새 안에 적들이 있는 한 그들은 계속해서 나올 것입니다. 만약 그들이 나올 때마다 없애 버리면, 요새는 결국 우리의 수중에 떨어질 것입니다.

16

나의 성품은 무엇입니까?

실제로 존재하는 것은 오로지 나입니다. 세상, 개별적 영혼 그리고 신은 마치 진주모의 은과 같이 나 안에서 나타나는 현현들입니다. 이 셋은 동시에 나타났다가 동시에 사라집니다.

나는 '나'라는 생각이 전혀 없는 곳에 있는 것입니다. 그것은 '침묵'이라 불립니다. 나 자체가 세상이고, 나 자체가 '나'이며, 나 자체가 신입니다. 모든 것이 쉬바이고, 나입니다.

17

모든 것은 신의 작품 아닙니까?

욕망도, 의도도, 노력도 없이 태양은 떠오릅니다. 단지 태양이 있음으로 해서, 일장석이 불을 내뿜고, 연꽃은 피며, 물이 증발하듯, 사람들은 그들의 여러 일들을 하고 나서 쉽니다. 자석이 있음으로 바늘이 움직이듯이, 신이 그저 있음으로 해서 (우주의) 세 기능들 혹은 다섯 신성한 활동에 지배를 받는 영혼들은 자신들의 카르마에 따라 그들의 행위를 하고 쉽니다. 신은 아무런 결심이 없기에, 아무런 카르마도 붙지 않습니다. 그것은 마치 세상의 활동들이 태양에게 영향을 주지 못하는 것과 같고, 4대 원소들의 장점과 단점들이 모든 것에 만연하고 있는 공간에 영향을 주지 못하는 것과 같습니다.

18

헌신자들 중에서 누가 가장 훌륭합니까?

신인 나에게 자신을 맡긴다는 사람이 가장 훌륭한 헌신자입니다. 신에게 자기 자신을 맡긴다는 것은, 나에 대한 생각 외에는 어떤 생각도 일어날 여지를 주지 않고 나 안에 항상 있는 것을 의미합니다.

신에게 무슨 짐을 드려도, 신은 그 짐을 져 주십니다. 신의 지고한 힘이 모든 것을 움직이고 있는데, 왜 우리는 우리 자신을 신에게 맡기지 않고, 무엇을 어떻게 해야 하나, 혹은 무엇을 어떻게 하지 말아야 하나 등의 온갖 생각들로 걱정해야 합니까? 우리는 기차가 모든 짐을 운반해준다는 것을 압니다. 그런데 기차를 타고서도 왜 작은 짐을 기차에 내려놓고 편히 있지 않고 그것을 머리에 이고 있어야 합니까?

19

무엇이 무애착입니까?

생각들이 일어날 때, 그것들이 일어난 자리에서
아무런 찌꺼기도 없이 완전히 소멸시키는 것이 무애
착입니다. 진주를 캐는 사람이 자신의 허리에 돌을
묶고 바다 바닥으로 내려가서 진주를 캐내듯이, 우
리도 각자 무애착을 갖추고 자신의 안으로 깊숙이
들어가서 나라는 진주를 얻어야 합니다.

20

신과 구루가 영혼의 해방에 영향을 미치는 것은

가능하지 않습니까?

신과 구루는 영혼에게 오로지 해방으로 가는 길을 보여줄 뿐입니다. 그들이 직접 영혼을 해방의 상태에 데려가지는 않을 것입니다.

사실 신과 구루는 다르지 않습니다. 호랑이의 입에 떨어진 먹이가 빠져나갈 수 없듯이, 스승의 자비로운 눈길의 영역 안으로 들어온 사람들은 스승에 의하여 구원을 받을 것이며 버림받지 않을 것입니다. 그러나 각자는 자신의 노력으로 신이나 구루가 보여준 길을 따르고 해방을 얻어야 합니다. 자신의 지식의 눈을 통해서만 자기 자신을 알 수 있지, 다른 사람의 눈을 통해서는 알 수 없습니다. 라마라는 사람이 자신이 라마라는 것을 알기 위해 거울의 도움이 필요합니까?

21

해방을 바라는 사람들이
범주(tattva)들[2]을 공부할 필요가 있습니까?

---

2 (역주) 세계를 구성하는 측면들

쓰레기를 내다버리는 사람은 그것을 분석하고 그것이 무엇인지 볼 필요가 없는 것처럼, 나를 알려고 하는 사람은 범주들의 개수를 헤아리거나 그것들의 특징을 탐구할 필요가 없습니다. 그가 해야 하는 것은 나를 숨기고 있는 범주들을 모두 버리는 것입니다. 세상을 꿈처럼 여겨야 합니다.

22

깨어있음과 꿈 간에는 아무런 차이가 없습니까?

깨어있음은 길고 꿈은 짧습니다. 이것을 제외하고는 아무런 차이가 없습니다. 깨어있을 때 일어나는 일들이 깨어있을 때는 사실인 듯이 보이듯, 꿈에서의 사건들 또한 꿈을 꾸는 동안에는 그렇습니다. 꿈 속에서 마음은 다른 몸을 갖습니다. 깨어있음과 꿈 둘 다에서 생각, 이름과 형상들은 동시에 일어납니다.

23

해방을 갈망하는 사람들이 책을 읽는 것은

어떤 도움이 있습니까?

모든 경전들은 해방을 얻으려면 마음이 정지해야 한다고 말합니다. 따라서 그것들의 결론적인 가르침은 마음이 정지해야 한다는 것입니다. 이것이 이해된다면 끝없이 책을 읽을 필요는 없습니다. 마음을 정지시키기 위해서는 자신 안에서 나가 무엇인지를 탐구해야 합니다. 이 탐구가 어떻게 책들을 통해서 가능하겠습니까? 누구나 자신의 지혜의 눈으로 자신의 나를 알아야 합니다. 나는 다섯 덮개들 안에 있습니다. 책들은 그것들의 바깥에 있습니다. 다섯 덮개들을 버리고 안에서 나를 찾아야 하는데, 책들을 통해서 그것을 찾는 것은 헛된 일입니다. 자신이 배운 모든 것을 다 잊어 버려야 할 때가 올 것입니다.

24

무엇이 행복입니까?

행복은 바로 나의 성품입니다. 행복과 나는 다르지 않습니다. 세상의 어떤 대상 안에도 행복은 없습니다. 무지로 우리는 대상으로부터 행복을 얻는다고 상상합니다. 마음이 바깥으로 나갈 때 마음은 불행을 경험합니다. 사실 마음의 욕망들이 충족될 때, 마음은 자신의 근원으로 되돌아가서 나인 행복을 즐깁니다.

마찬가지로 잠, 사마디, 기절 등의 상태나 마음이 바라는 대상이 얻어지거나 혹은 싫어하는 대상이 없어졌을 때, 마음은 안으로 향하고 그래서 순수한 나 −행복을 즐깁니다. 이처럼 마음은 쉬지 않고 나 바깥으로 나가고 나로 되돌아오기를 반복합니다. 나무 아래 그늘은 쾌적합니다. 바깥으로 나가면 열기가 맹렬합니다. 햇볕에서 다니던 사람이 그늘에 이를 때 시원함을 느낍니다. 그런데 그늘에서 햇빛 속으로 다시 그늘로 돌아오기를 계속하는 사람은 어리석습니다.

현명한 사람은 늘 그늘 아래 있습니다. 마찬가지로, 진리를 아는 사람의 마음은 브람만을 떠나지 않습니다. 이와 반대로 무지한 사람의 마음은 세상 안을 배회하며 계속 불행을 느끼는데, 어쩌다 브람만으로 돌아오면 행복을 경험합니다. 사실 세상이라고 하는 것은 오로지 생각입니다. 세상이 사라질 때, 즉 아무런 생각이 없을 때 마음은 행복을 경험하며, 세상이 나타날 때 마음은 불행을 경험합니다.

25

무엇이 지혜 통찰(갸나 드리슈티)입니까?

고요히 있는 것이 지혜 통찰입니다. 고요히 있다
는 것은 마음을 나에 녹이는 것입니다.　텔레파시,
과거, 현재 혹은 미래의 사건들을 아는 것, 그리고
투시력 같은 것은 지혜 통찰에 들지 않습니다.

26

무욕과 지혜 간의 관계는 어떠합니까?

무욕이 지혜입니다. 그 둘은 다르지 않습니다. 그
것들은 같습니다. 무욕이란 마음이 어떤 대상으로
향하는 것을 삼가는 것입니다. 지혜란 아무런 대상
도 나타나지 않는 것입니다. 다른 말로 하자면 나 아
닌 것을 추구하지 않는 것이 무집착 혹은 무욕입니
다. 나를 떠나지 않는 것이 지혜입니다.

27

탐구와 명상의 차이는 무엇입니까?

마음을 나 안에 머물게 하는 것이 탐구입니다. 명상은 자기 자신을 브람만, 즉 절대적 존재, 절대적 의식, 절대적 희열이라고 생각하는 것입니다.

28

해방이란 무엇입니까?

속박에 있는 자기 자신의 성품을 탐구하여 자기 자신의 진정한 성품을 깨닫는 것이 해방입니다.

나는 누구인가?

바가반 슈리 라마나 마하리쉬의 가르침

초판발행   2022년 6월 15일
3쇄발행   2024년 11월 6일

지 은 이   라마나 마하리쉬
옮 긴 이   김병채

펴 낸 이   황정선
출판등록   2003년 7월 7일 제62호
펴 낸 곳   슈리 크리슈나다스 아쉬람
주   소   경상남도 창원시 의창구 북면 신리길 35번길 12-12
대표전화   (055) 299-1399
팩시밀리   (055) 299-1373

전자우편   krishnadass@hanmail.net
카   페   cafe.daum.net/Krishnadas

ISBN 978-89-91596-75-7 (03270)

* 잘못 만들어진 책은 바꾸어 드립니다.